• 스마트폰 또는 테블릿에서 아래 QR코드스캔시 가입 및 인증절차 없이
  바로 동영상강좌 및 전자책 다운로드 이용이 가능합니다.

문의 : 메일 : guitarcamp@naver.com./ 카카오톡(아이디:guitarcamp)
0504-0555-7824(문자주세요)

- 강좌리스트 -

01. 구성 및 연주자세 알아보기

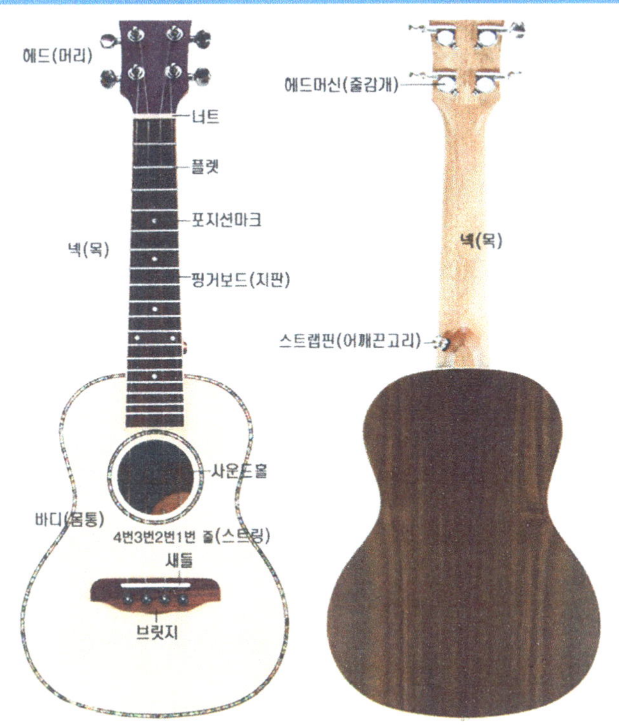

우쿨렐레는 크게 헤드,넥,바디 3부분으로 구성되어 있습니다.

1.헤드(Head)
- 헤드머신(줄감개) : 줄을 감아주고 풀어주어
  음조율(튜닝)을 할 수 있게 하는 역할을 합니다.

2.넥(Neck)
- 너트 : 넥에 줄의 높이와 간격을 고정시켜주는 역할을 합니다.
- 플렛 : 핑거보드에 줄을 누를때 음정을 구분하는 칸막이 같은 역할을 합니다.
  (헤드쪽부터 1플레 2플렛 3플렛.....)
- 포지션마크 : 특정 프렛을 쉽고 빠르게 찾기 위한 기준점 역할을 합니다.
- 핑거보드 : 줄을 누루때 지판 역할을 합니다.

3. 바디(Body)
- 사운드홀 : 줄을 튕길 때 바디에서 울리는 소리가 나옵니다.
- 브릿지 : 줄이 바디에 잘 고정될 수 있게 지지해주고,
  줄의 진동이 바디에 잘 전달될 수 있게 도와주는 역할을 합니다.
- 새들 : 줄을 브릿지에 고정시켜주는 역할을 합니다.
- 스트랩핀 : 어깨끈을 고정하는 역할을 합니다.

02. 개방현과 핑거보드음계 알아보기

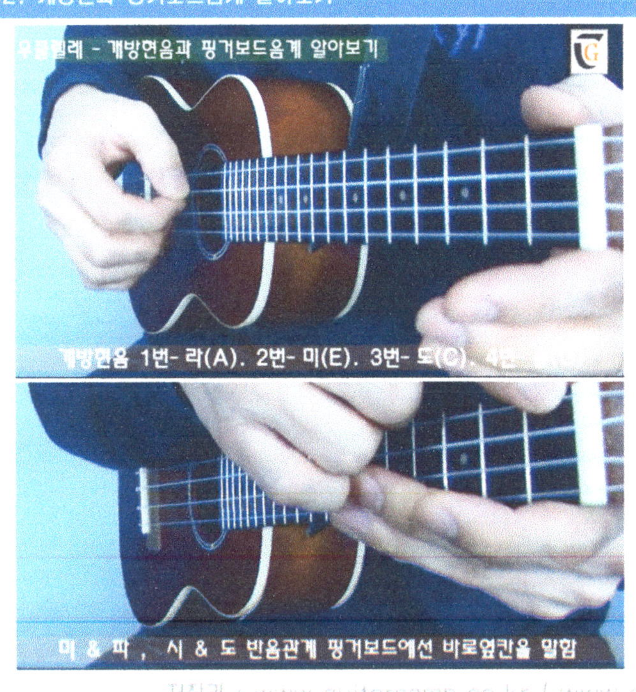

03. 튜닝(음조율) 알아보기

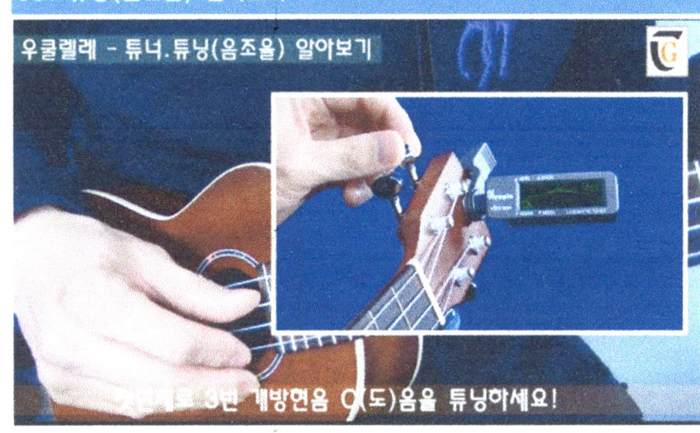

우쿨렐레 음조율(튜닝)

1번줄 개방형음. 라(A)
2번줄 개방형음. 미(E)
3번줄 개방형음. 도(C)
4번줄 개방형음. 솔(G)

04. 악보(TAB)보는법 알아보기

*우쿨렐레 타블레춰(TAB)악보는 오선지악보가 아닌 보기쉽게 풀어진 문자형식의 악보를 말합니다.
 타블레춰악보 이용법은 아래그림설명과 같습니다.

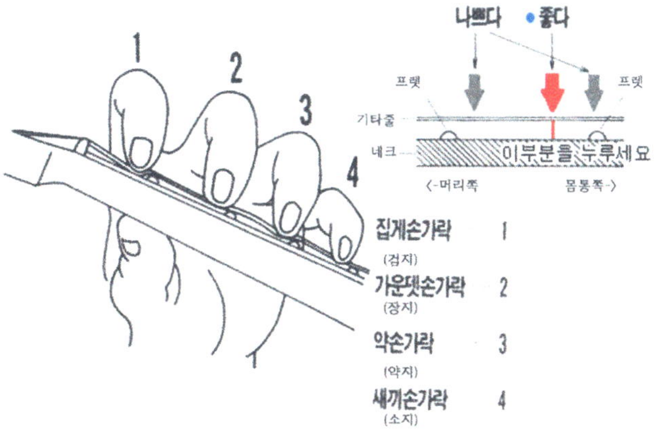

05. 왼손핑거링과 오른손스트로크

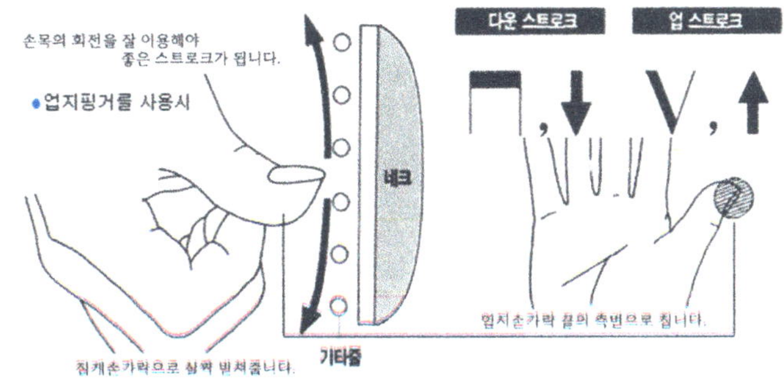

06. 왼손뮤팅 알아보기

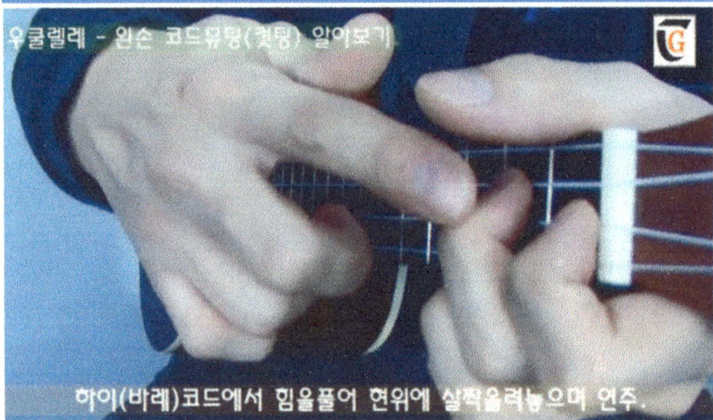

왼손 뮤트(묵음) 방법

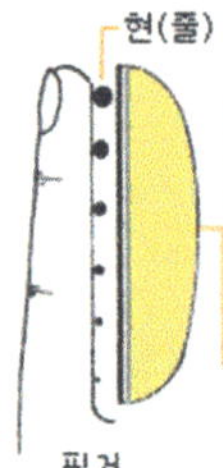

현을 누루지않고 그림과 같이 현위에 살짝 핑거를
올려 놓고 오른손으로 현을 스트로크 하여
원음이 아닌 묵음 즉 뮤트음을 내는 테크닉입니다.
(왼손 뮤트악보표기는 음표에 X로 표기됩니다.)
사운드는 "착착"하는 소리가 납니다.

07. 오른손컷팅 알아보기

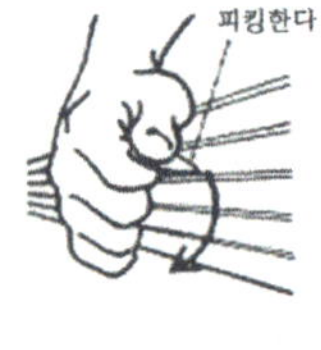

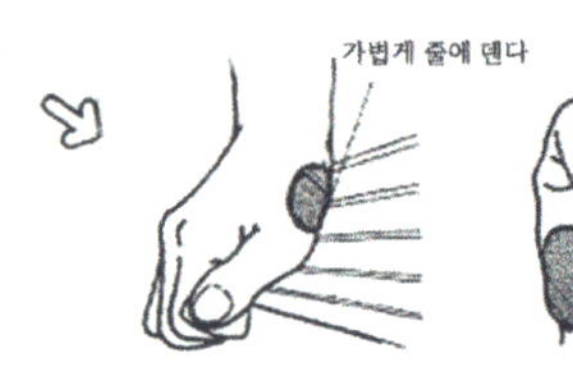

뮤트는 왼손가락이나 혹은 오른손의 새끼손가락 근처의 손바닥을 줄에 가볍게
대고 피킹하여 둔탁한 소리를 내는 주법이다.

머프 뮤트
오른손 테크닉으로 '쟈가쟈가하는 뮤트음을 만든다.
그 방법은 브리지 위에 가볍게 손을 얹고 피킹한다.
머프 뮤트는 오른손 손목을 고정시킨 부자연스런 피킹이기 때문에 빠른 패시지나
극단적인 음(줄)의 도약 등에는 상당한 연습이 필요하다.
노이즈 뮤트
왼손 테크닉으로 그 방법은 핑거 커팅과 동일하다.
즉 줄을 누르고 있는 손가락의 힘을 빼고 손가락이 줄에 가볍게 댄 채로 피킹한다.
이 때 음정이 없는 노이즈를 얻을 수 있다.

08. 헤머링온 테크닉 알아보기

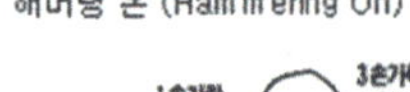
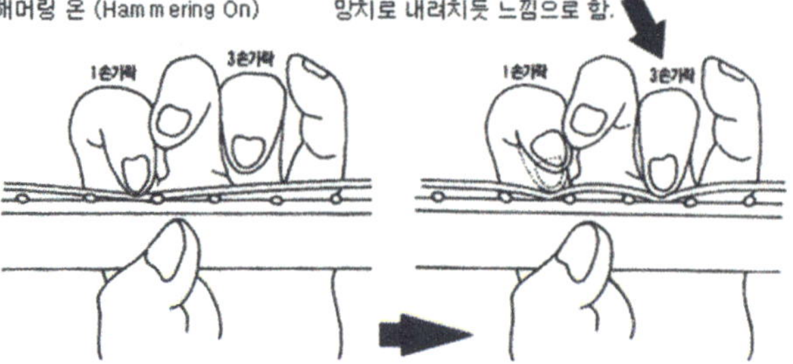

해머링 온 주법은 피킹하여 일단 음을 낸 후, 다시 피킹 하지 않고
왼손가락으로 줄을 세게 눌러서 다른 음정을 내는 주법이다.
"따잉 -"하면서 새로 누른 손가락의 포지션 음정만큼 올라간다.

09. 풀링오프 테크닉 알아보기

플링 오프 (Pulling Off)

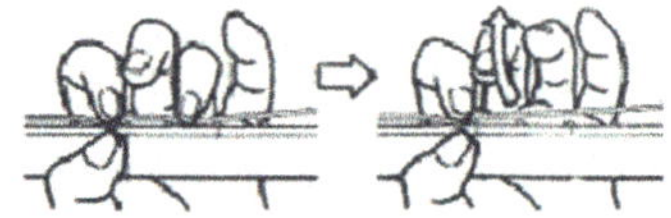

플링 오프는 해머링 온과는 반대로 음을 누른 상태에서 줄을 퉁긴 후에,
줄을 눌렀던 왼손가락을 떼어서 다른 음정(처음 누른 음정)으로 바꾸는 주법을 말한다.

플링 오프를 하는 손가락의 끝으로 줄을 긁듯이 강하게 퉁기면서
떼어야만 올바른 소리가 난다. 줄을 퉁겨 주지 않고 그냥 손가락을 떼면
소리가 아주 작아져서 잘 들리지 않게 된다.

10. 슬라이드 테크닉 알아보기

슬라이드 (Slide)

슬라이드란, 줄 위를 손가락으로 누른 후, 지판을 떼지 않고
미끄러뜨려 음정을 바꾸는 주법을 말한다.

슬라이드는 시작음과 끝나는 음이 명확하고
글리산도는 시작음이나 끝나는 음이 명확하지않다.

11. 줄(현)교체방법 알아보기

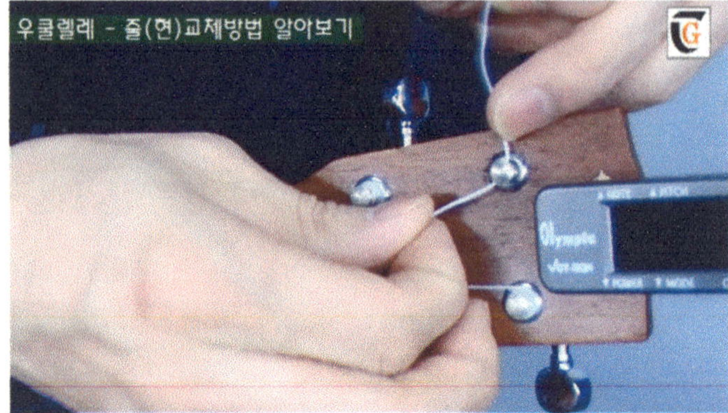

12. C 코드 (오픈/하이) 알아보기

• 우쿨렐레 코드표는 우쿨렐레핑거보드(지판)에서 쉽고 빠르게 코드를 잡을 수 있도록하는 이미지표이다.
코드표 이용법은 아래그림설명과 같습니다.

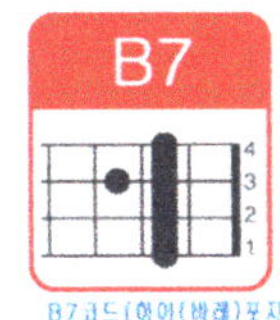

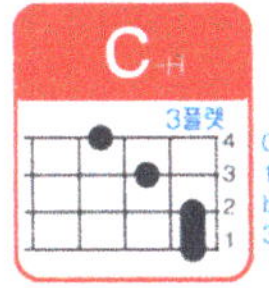

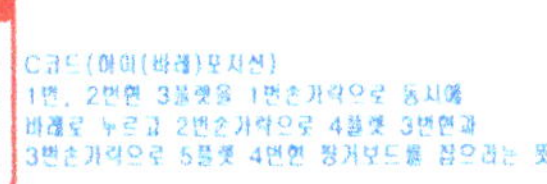

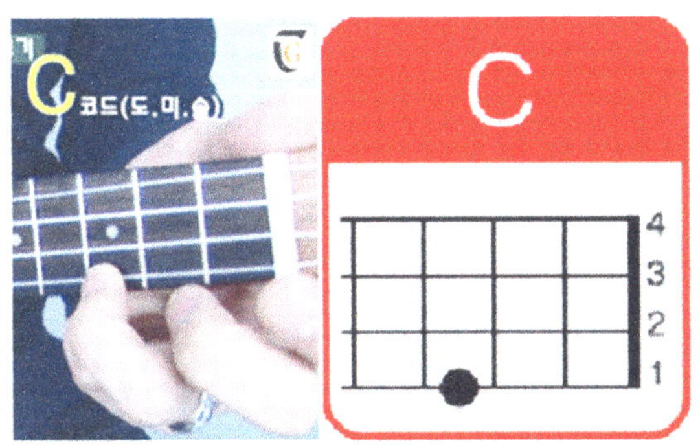

13. C7 코드 (오픈/하이) 알아보기

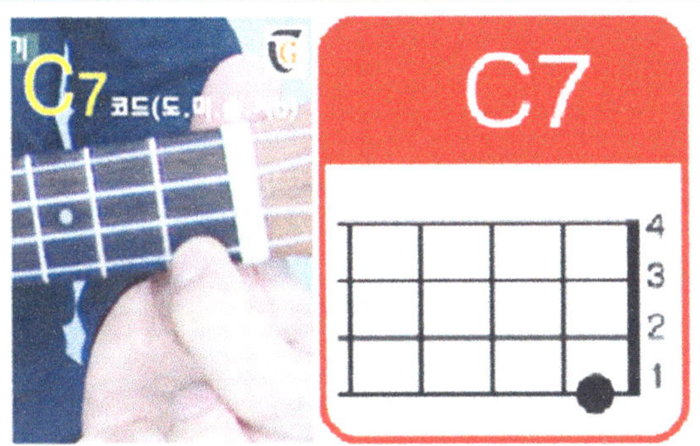

14. Cm 코드 (오픈/하이) 알아보기

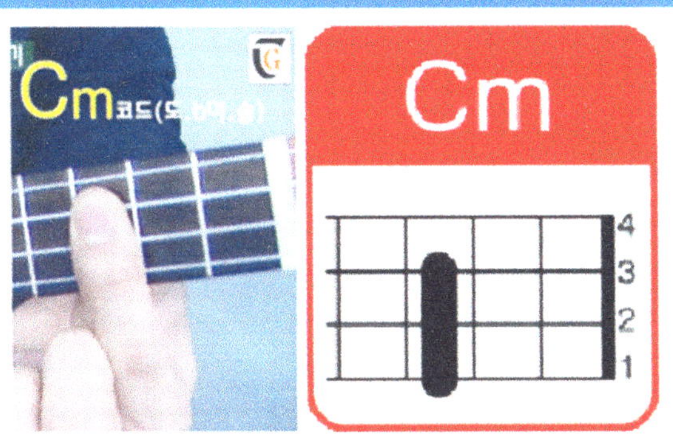

15. Cm7 코드 (오픈/하이) 알아보기

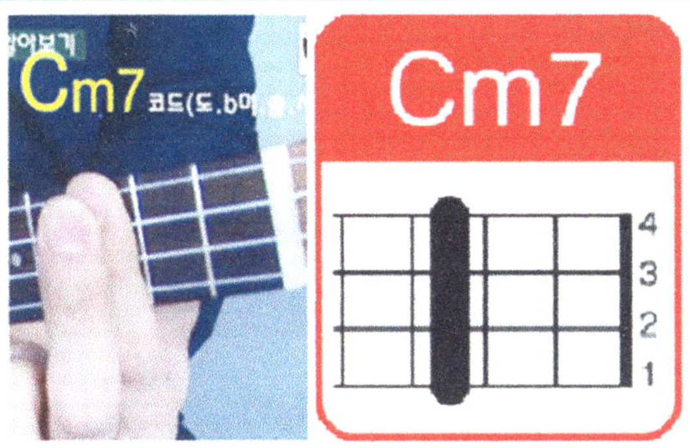

16. D 코드 (오픈/하이) 알아보기

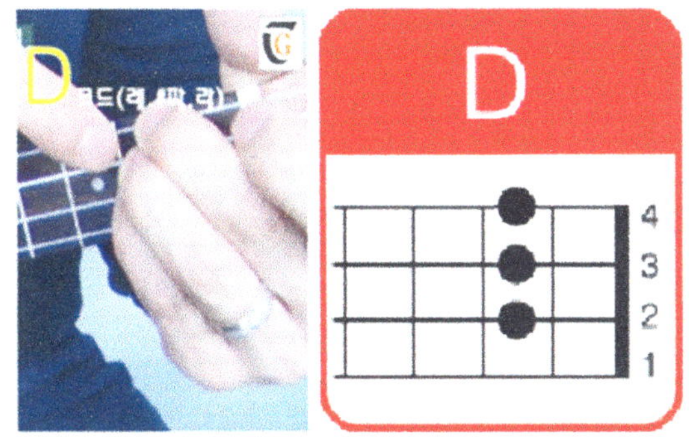

17. D7 코드 (오픈/하이) 알아보기

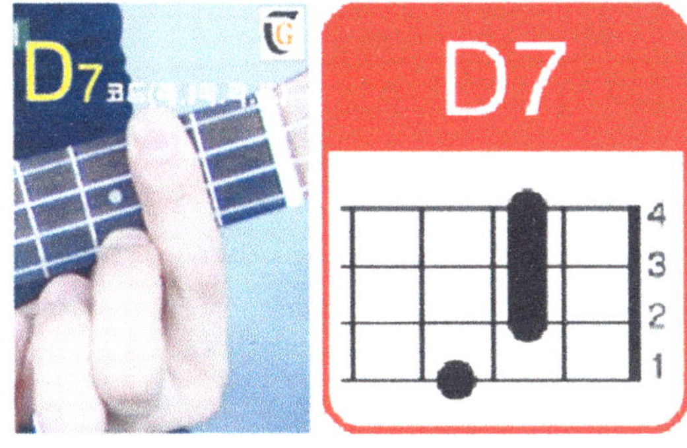

18. Dm 코드 (오픈/하이) 알아보기

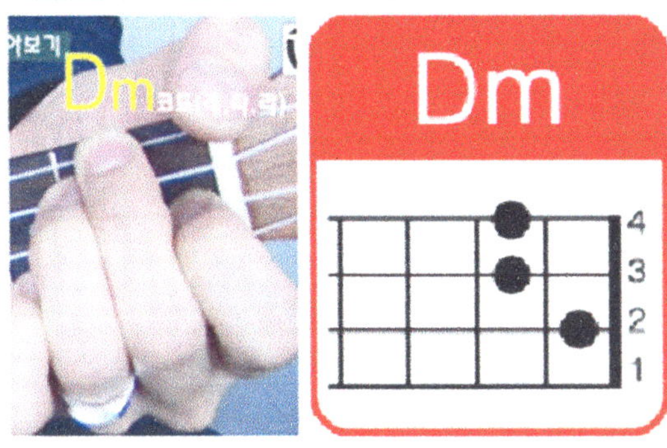

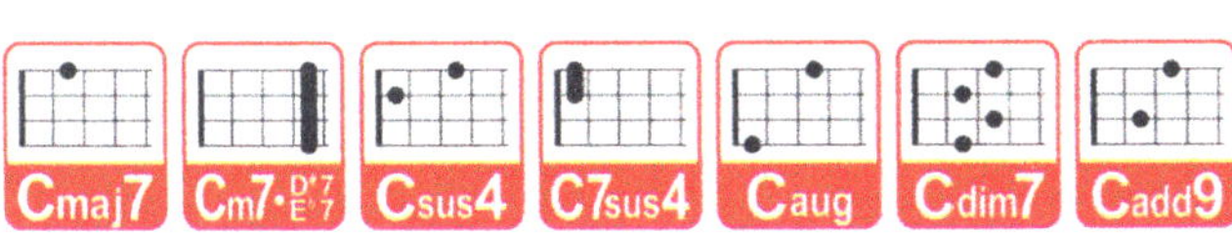

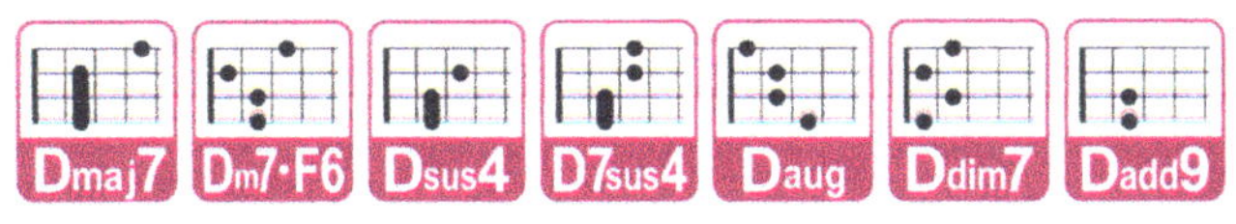

19. Dm7 코드 (오픈/하이) 알아보기

23. Em7 코드 (오픈/하이) 알아보기

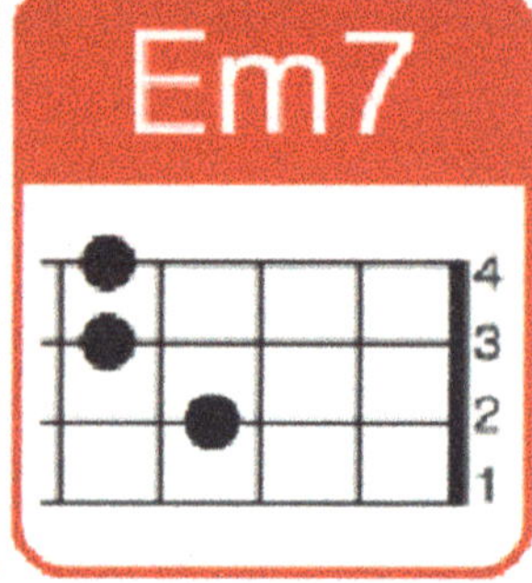

20. E 코드 (오픈/하이) 알아보기

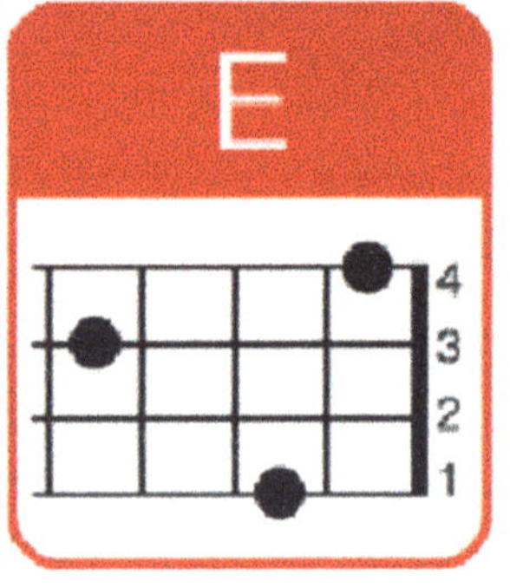

24. F 코드 (오픈/하이) 알아보기

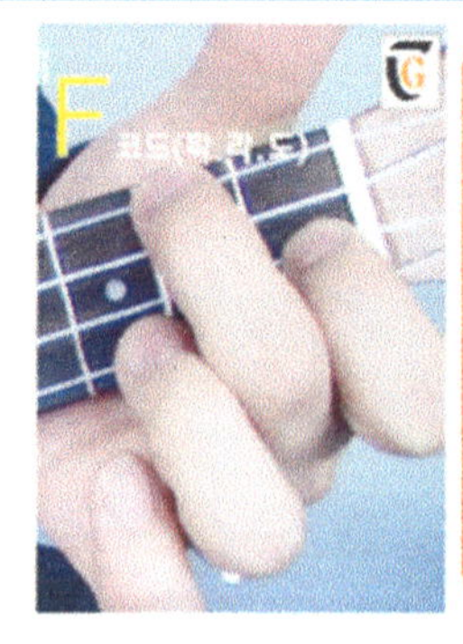

21. E7 코드 (오픈/하이) 알아보기

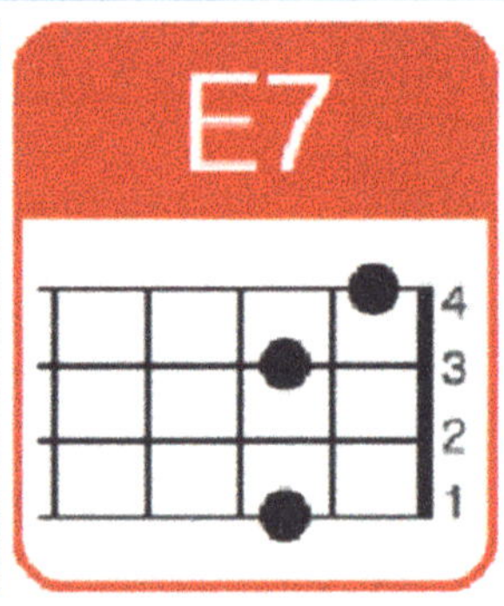

25. F7 코드 (오픈/하이) 알아보기

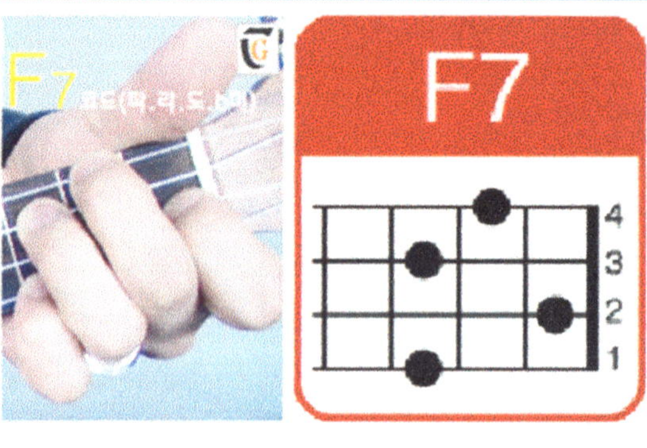

22. Em 코드 (오픈/하이) 알아보기

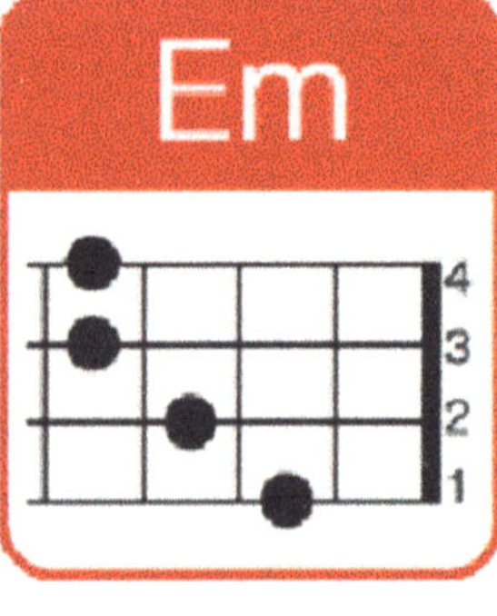

26. Fm 코드 (오픈/하이) 알아보기

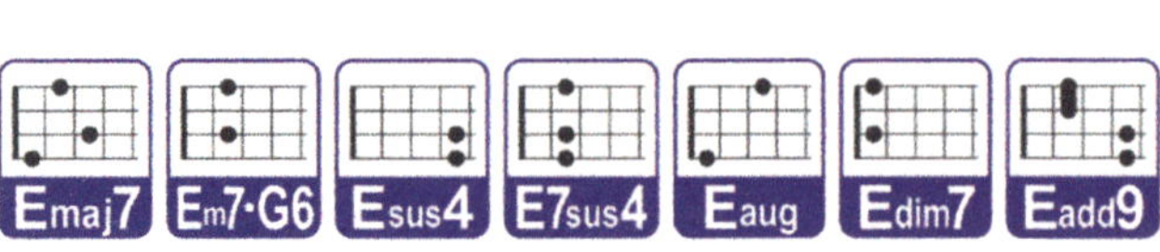

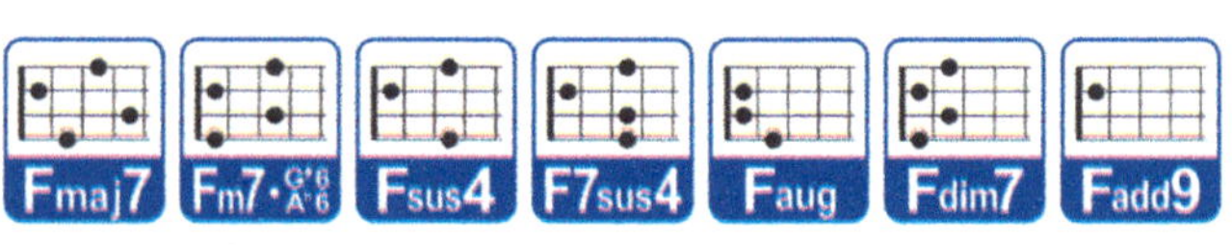

27. Fm7 코드 (오픈/하이) 알아보기

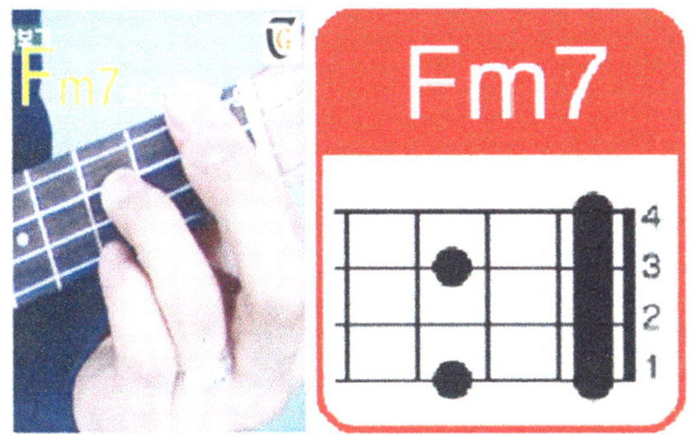

31. Gm7 코드 (오픈/하이) 알아보기

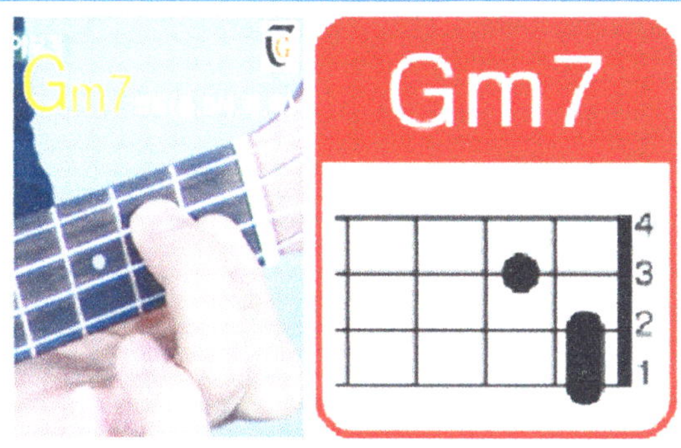

28. G 코드 (오픈/하이) 알아보기

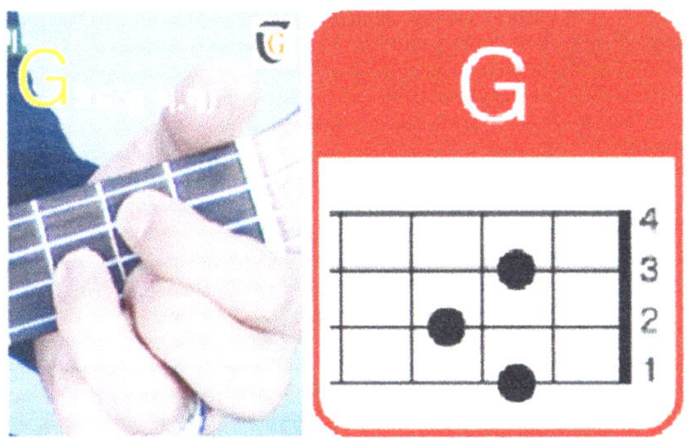

32. A 코드 (오픈/하이) 알아보기

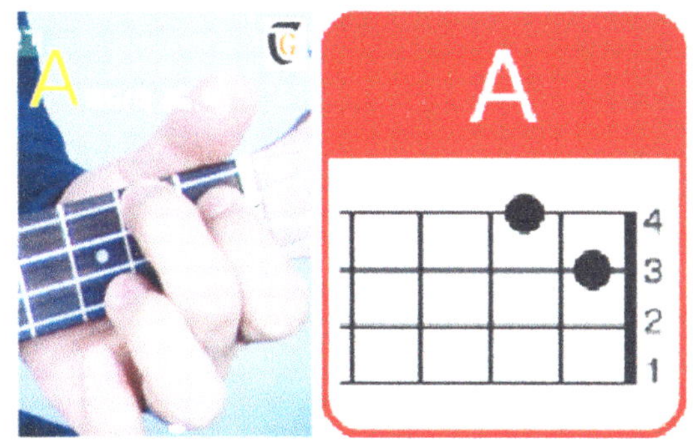

29. G7 코드 (오픈/하이) 알아보기

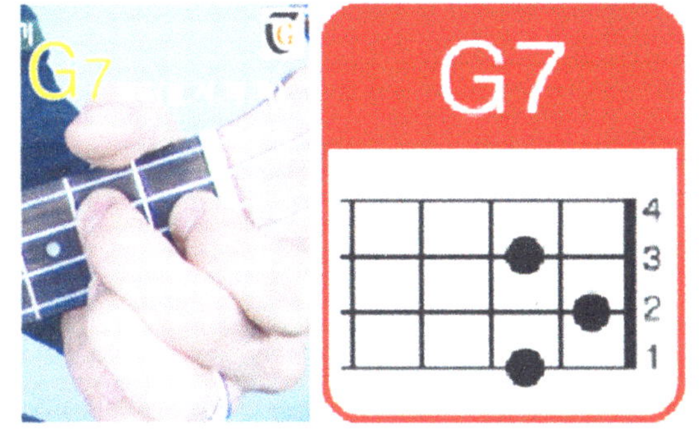

33. A7 코드 (오픈/하이) 알아보기

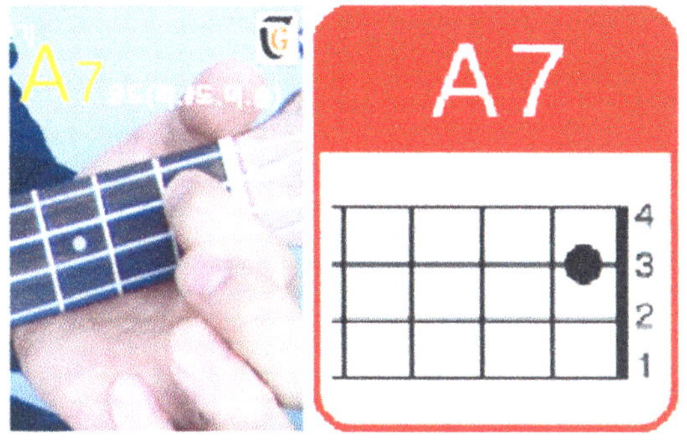

30. Gm 코드 (오픈/하이) 알아보기

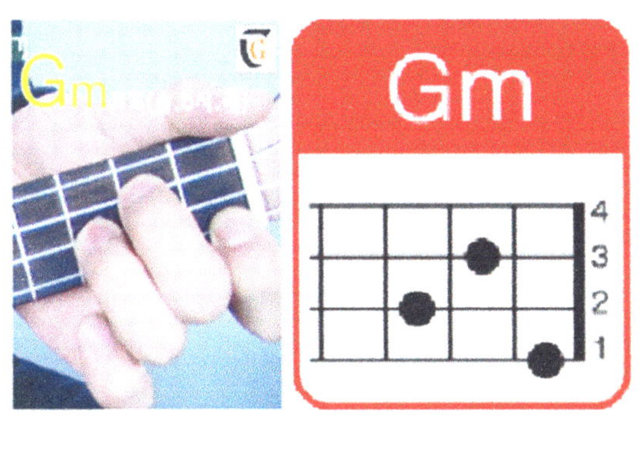

34. Am 코드 (오픈/하이) 알아보기

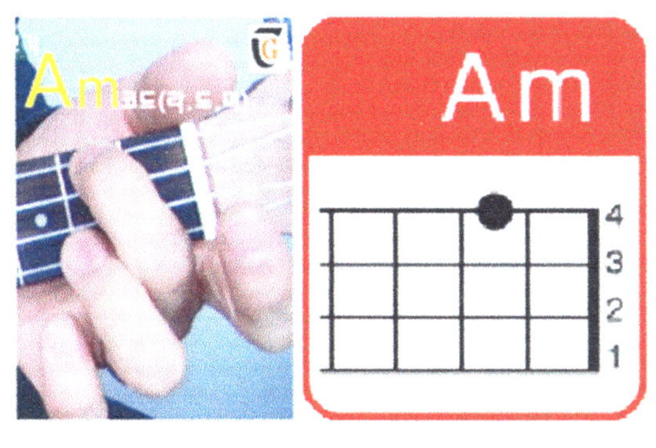

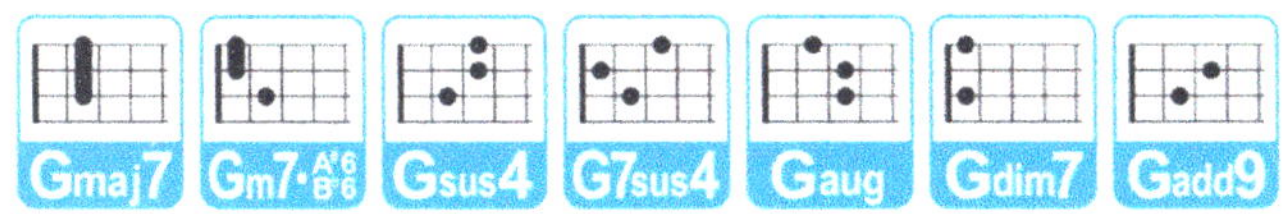

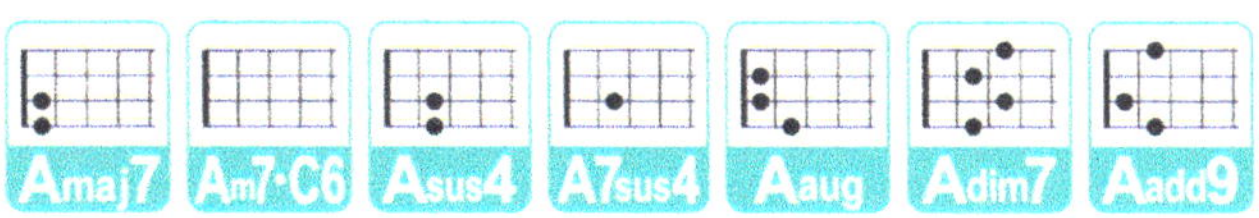

35. Am7 코드 (오픈/하이) 알아보기

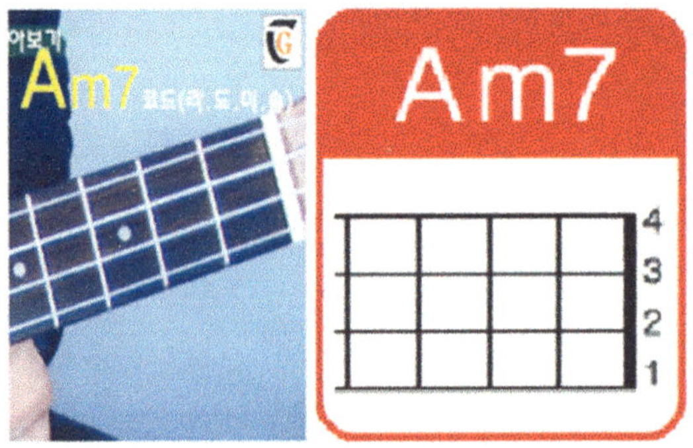

36. B 코드 (오픈/하이) 알아보기

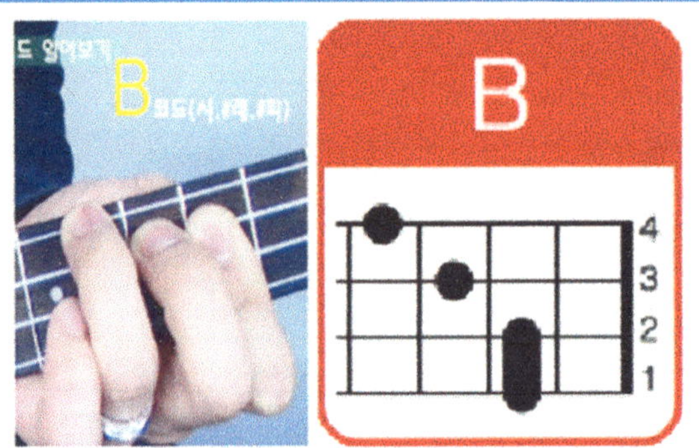

37. B7 코드 (오픈/하이) 알아보기

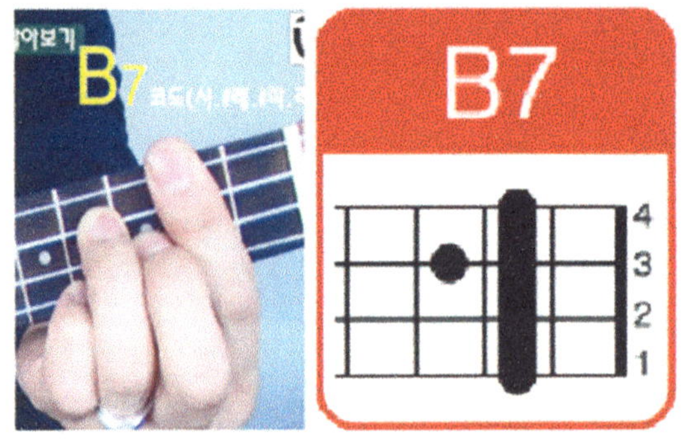

38. Bm 코드 (오픈/하이) 알아보기

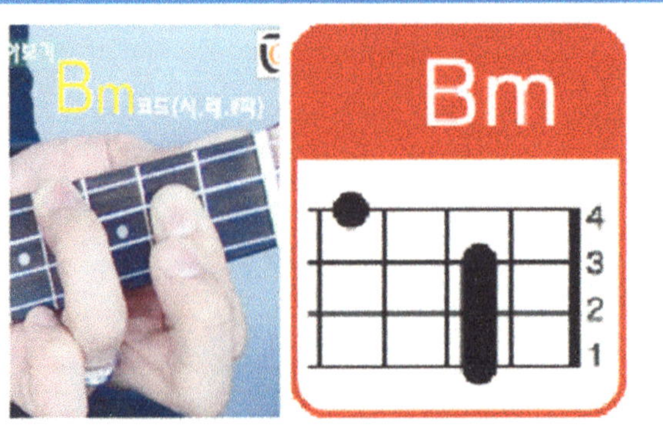

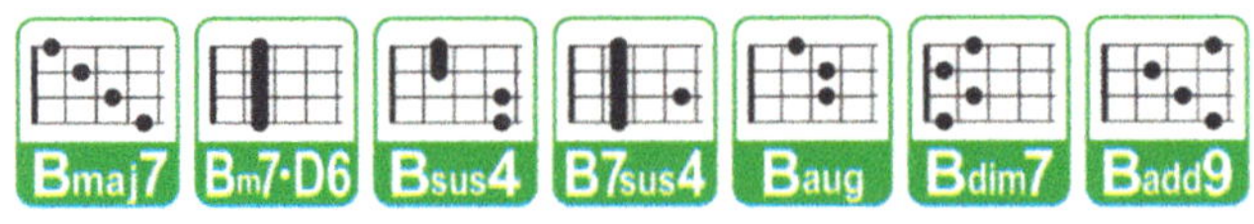

39. Bm7 코드 (오픈/하이) 알아보기

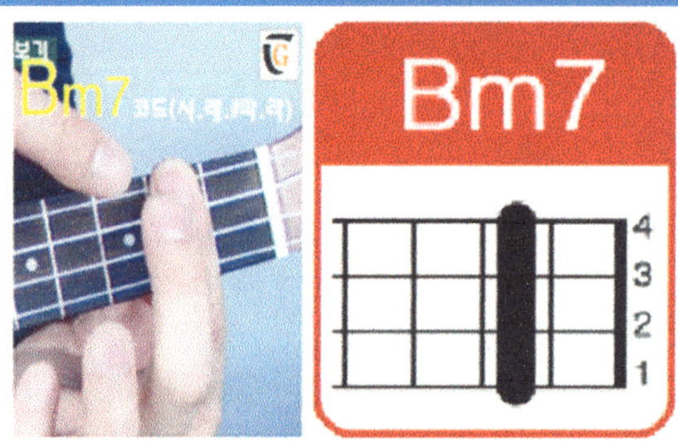

우쿨렐레 리듬부문 강좌

40. 4/3박자 왈츠(waltz)리듬 알아보기

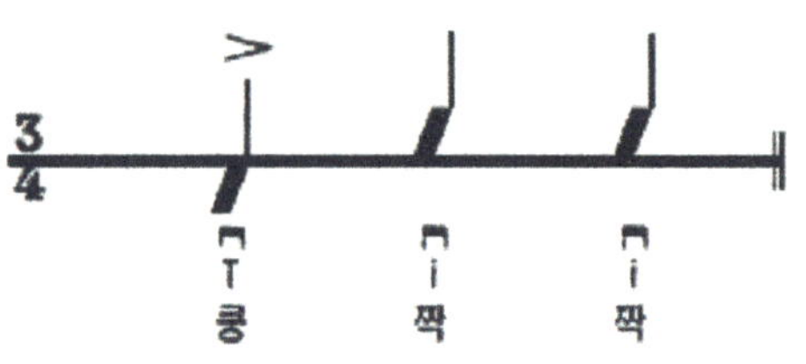

41. 4비트(Beat)리듬 알아보기

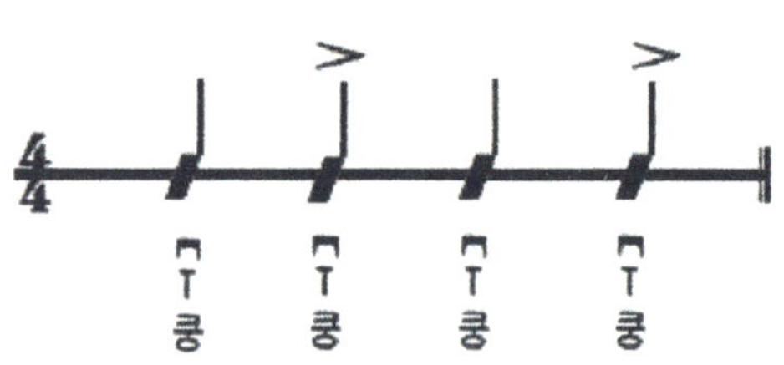

42. 8비트(Beat)리듬 알아보기

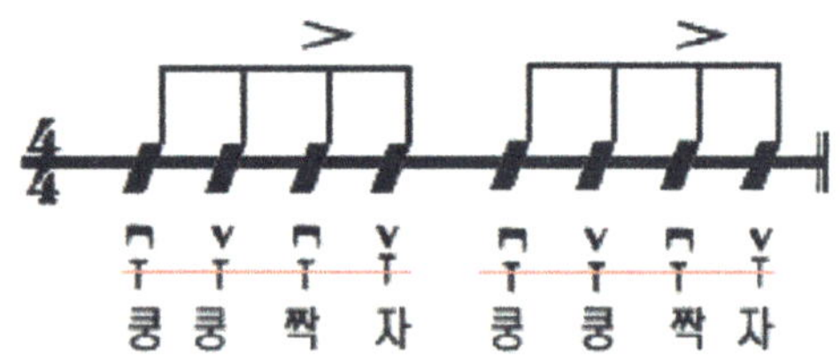

43. 16비트(Beat)리듬 알아보기

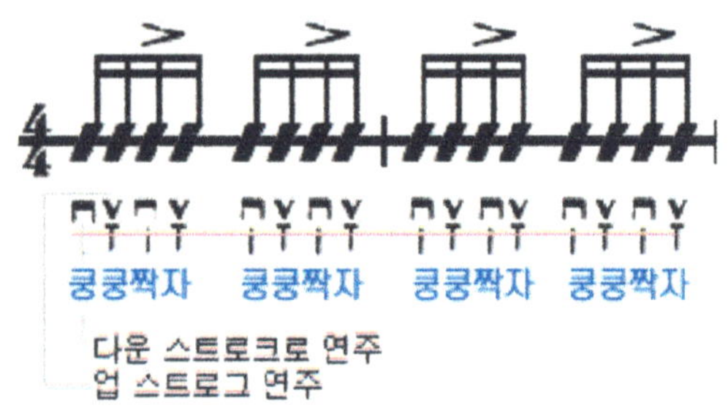

44. 셔플(Shuffle)리듬 알아보기

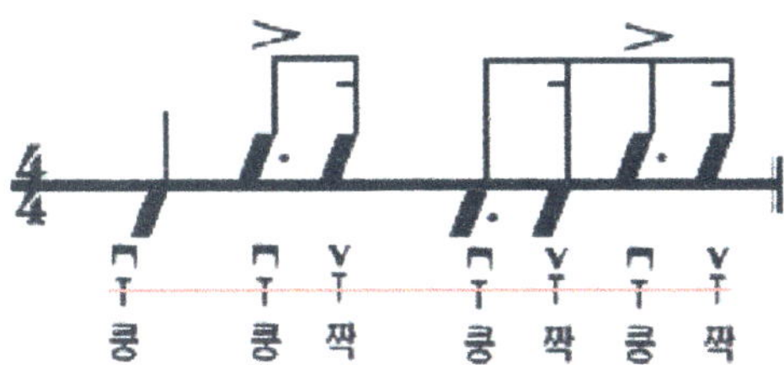

45. 칼립소(Calypso)리듬 알아보기

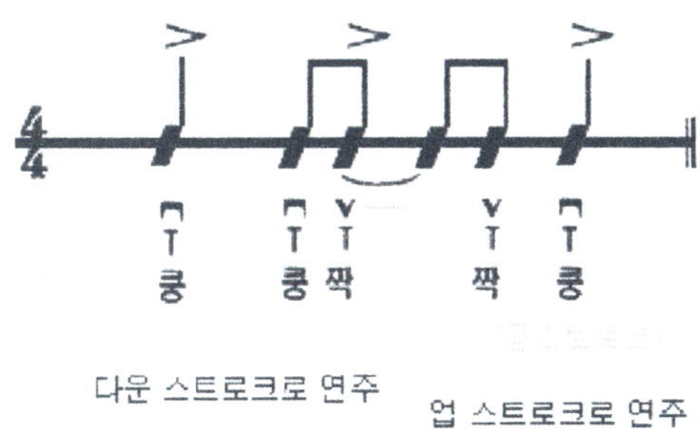

다운 스트로크로 연주   업 스트로크로 연주

46. 슬로우고고(SlowGoGo)리듬 알아보기

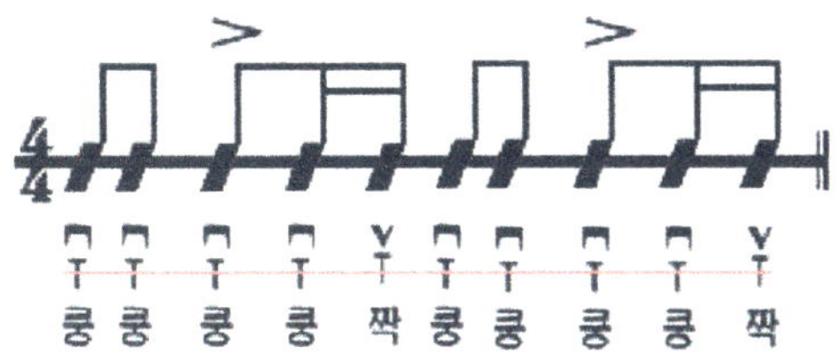

47. 슬로우락(Slow Rock)리듬 알아보기

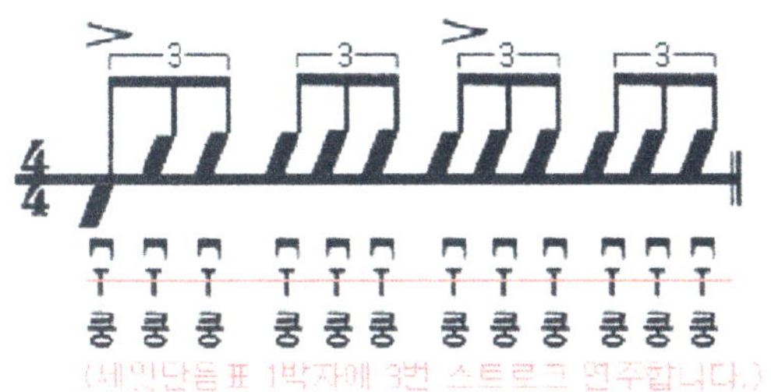

48. 고고(GoGo)리듬 알아보기

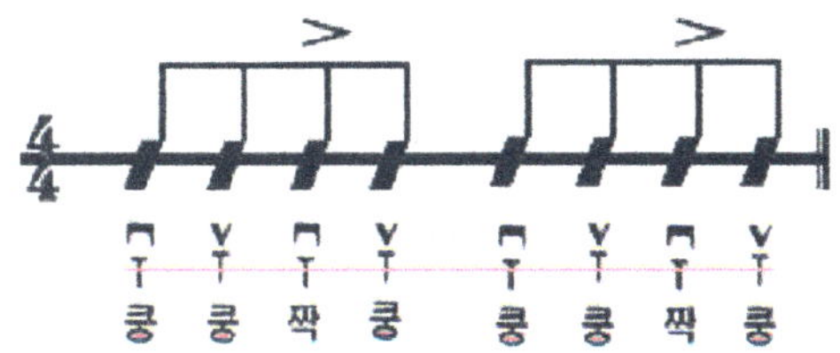

49. 레게(Reggae)리듬 알아보기

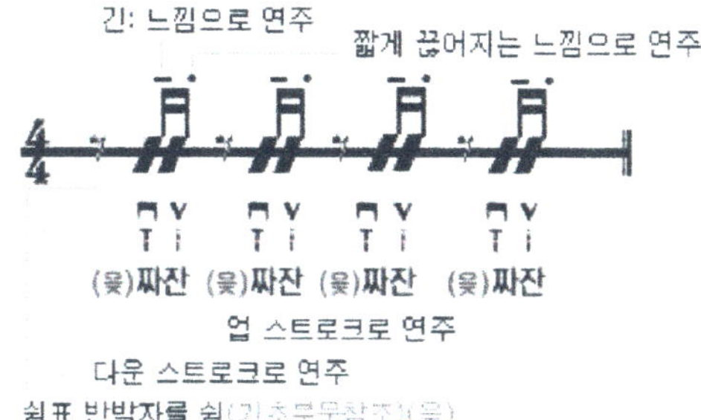

50. 아르페지오(Arupageio) 알아보기

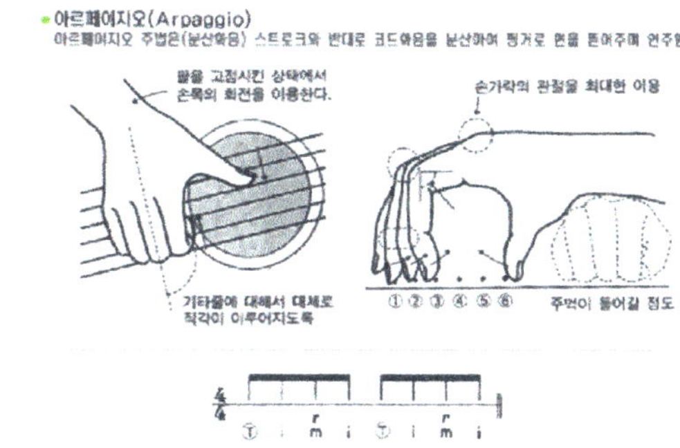

* 엄지를 곧게 펴서 거의 평행선을 유지하도록 합니다

* 손목을 많이 움직이지 않습니다.

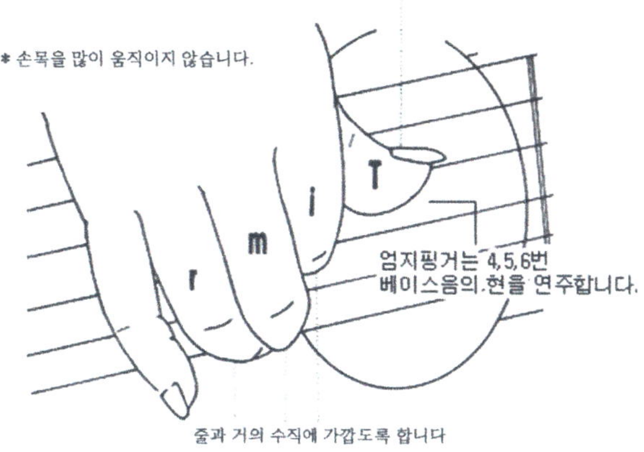

4/4박자 아르페지오

각각 담당하는 줄이 정해져 있으므로 항상 그 줄을 칠 수 있도록 준비해야 합니다.

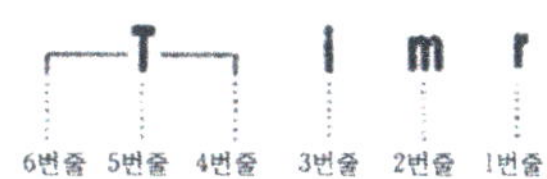

패턴 1

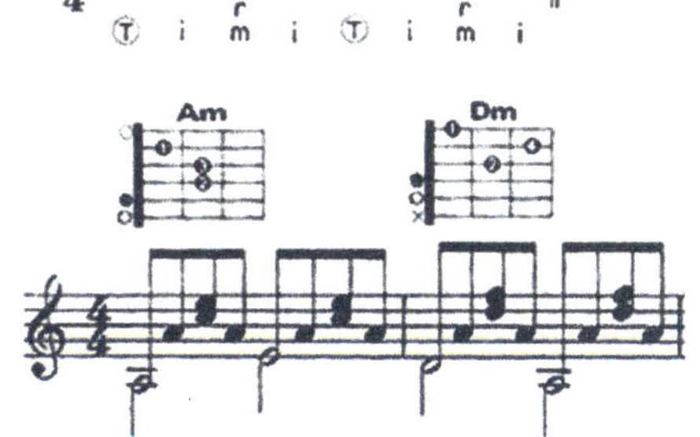

4/4 박자의 전형적인 아르페지오 패턴입니다
2박과 4박에서 기타의 2번줄과 1번줄을 동시에 튕기는 점에 유의 하세요

51. You are my Sunshine 전체연주
52. You are my Sunshine 코드별 연주 알아보기

You are My sun Shine

C
C7
F
G7

작곡 . Jimmie Davis

C
우쿨렐레
you are my sun shine, my only - sun shine
우쿨렐레

C7　　　　F　　　　　　　C
Uk.
you make me happy - when skies are gray
Uk.

F　　　　　　　C
Uk.
you ne - ver know dear, how much i love you
Uk.

C　　　F　G7　　　C
Uk.
please don't take my sun shine a way
Uk.

C
Uk.
Uk.

오른손 연주는 4비트(Beat)리듬으로 연주주하세요!

쿵 쿵 쿵 쿵

53. 비와당신-박중훈(영화 라디오스타OST) 전체연주

54. 비와당신-박중훈(영화 라디오스타OST) 전주부분

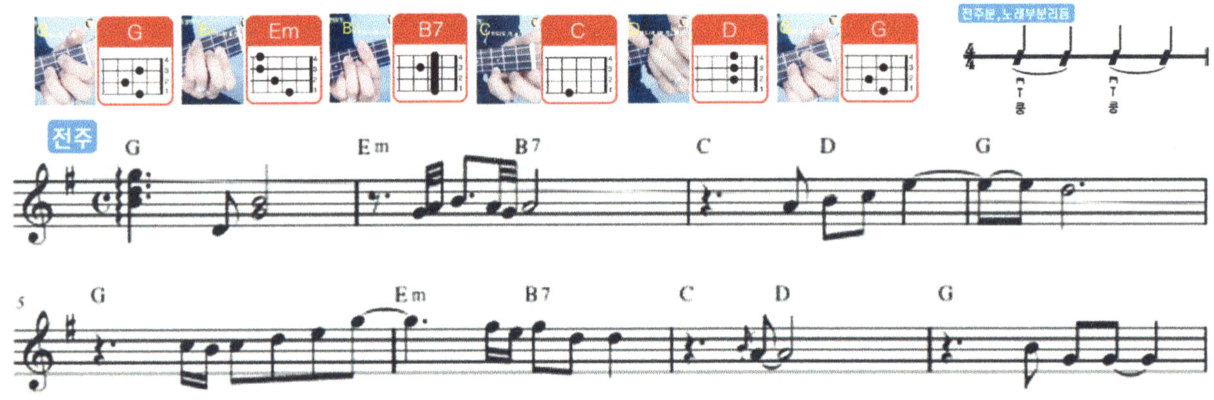

55. 비와당신-박중훈(영화 라디오스타OST) 노래부분

56. 비와당신-박중훈(영화 라디오스타OST) 후렴부분
57. 비와당신-박중훈.엔딩부분

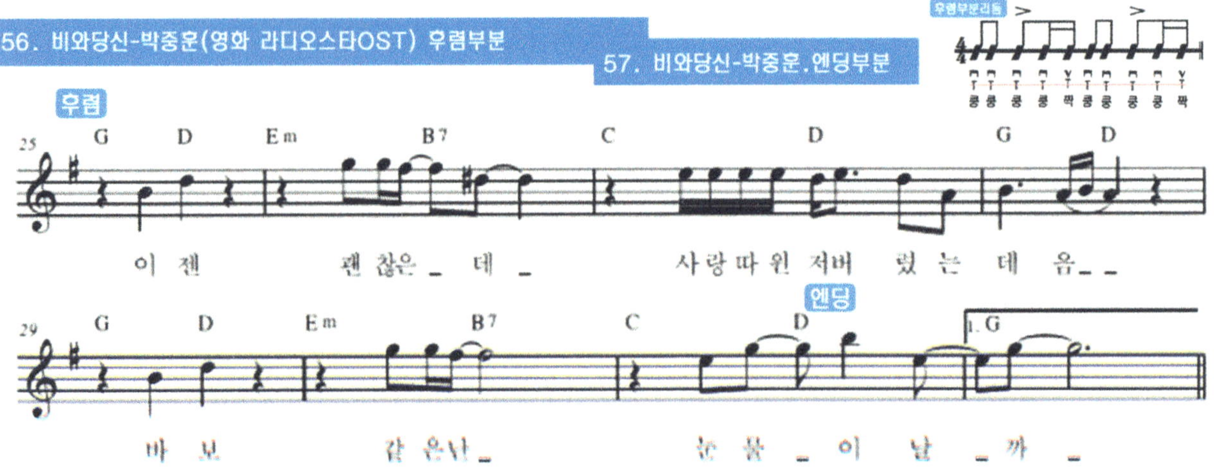

나 비 야 (독일민요)

C
G7
C Key
C G7 C G7 C
나 비 야 나 비 야 이 리 날 아 오 너 라
솔 미 미 파 레 레 도 레 미 파 솔 솔 솔
C G7 C G7 C
노 랑 나 비 흰 나 비 춤 을 추 며 오 너 라
솔 미 미 미 파 레 레 도 미 솔 솔 미 미 미
G7 G7 C C
봄 바 람 에 꽃 잎 도 방 긋 방 긋 웃 으 며
레 레 레 레 레 미 파 미 미 미 미 미 파 솔
C G7 C G7 C
참 새 도 짹 짹 짹 노 래 하 며 춤 춘 다
솔 미 미 파 레 레 도 미 솔 솔 미 미 미
쿵 쿵 쿵 쿵

곰세마리

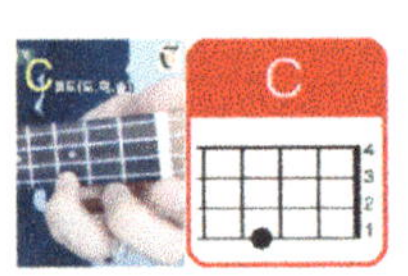

C

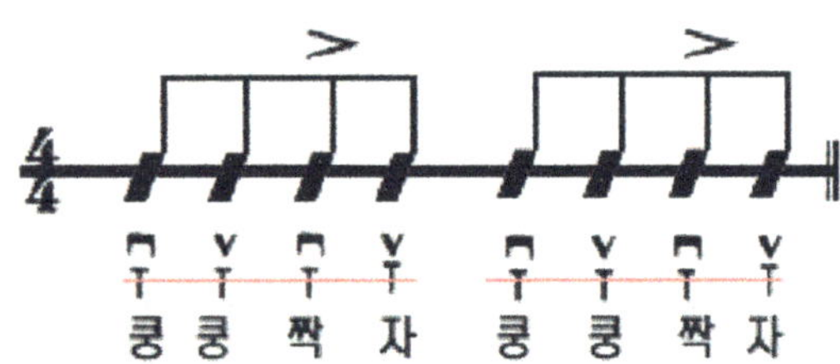

4/4
쿵 쿵 짝 자 쿵 쿵 짝 자

C   C   C   C
도 도 도 도 도 미 솔 솔 미 도 솔 솔 미 솔 솔 미 도 도 도
0 0 0 0 0   0 3 3 0   3 3 0 3 3 0   0 0 0
곰 세 마 리 가 한 집 에 있 어 아 빠 곰 엄 마 곰 아 기 곰

C   C   C   C
솔 솔 미 도 솔 솔 솔 솔 솔 미 도 솔 솔 솔
3 3 0   0   3 3 3   3 3 0   0   3 3 3
아 빠 곰 은 뚱 뚱 해 엄 마 곰 은 날 씬 해

C   C   C   C
솔 솔 미 도 솔 솔 솔 라 솔 도 솔 도 솔 미 레 도
3 3 0   0   3 3 3 3   3 3 3 0   2 0
아 기 곰 은 너 무 귀 여 워 으 쓱 으 쓱 잘 한 다

비행기

C
G
F
미 레 도 레 미 미 미
떴 다 떴 다 비 행 기
레 레 레 미 미 미
날 아 라 날 아 라
미 레 도 레 미 미 미
높 이 높 이 날 아 라
레 레 미 레 도
우 리 비 행 기
라 솔 파 솔 라 라 라
내 가 만 든 비 행 기
솔 솔 솔 라 라 라
날 아 라 날 아 라
라 솔 파 솔 라 라 라
멀 리 멀 리 날 아 라
솔 솔 라 솔 파
우 리 비 행 기

작은별

C
F
G7
2/4
C Key
C   F   C   G7   C   G7   C
도 도 솔 솔 라 라 솔   파 파 미 미 레 레 도
반 짝 반 짝 작 은 별   아 름 답 게 비 치 네
C   G7   C   G7   C   G7   C   G7
솔 솔 파 파 미 미 레   솔 솔 파 파 미 미 레
동 쪽 하 늘 에 서 도   서 쪽 하 늘 에 서 도
C   F   C   G7   C   G7   C
도 도 솔 솔 라 라 솔   파 파 미 미 레 레 도
반 짝 반 짝 작 은 별   아 름 답 게 비 치 네

주먹쥐고

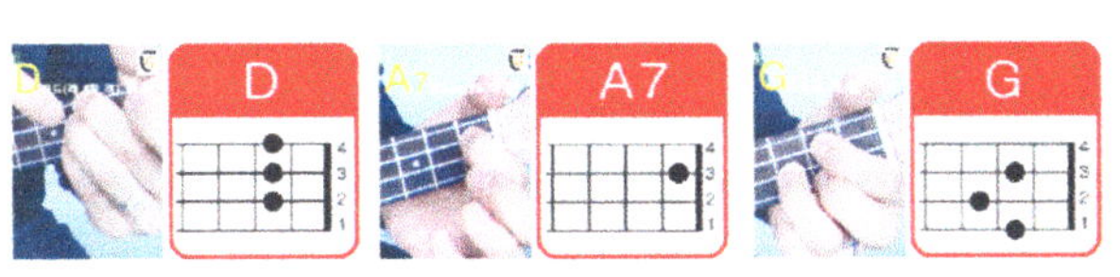

D
A7
G

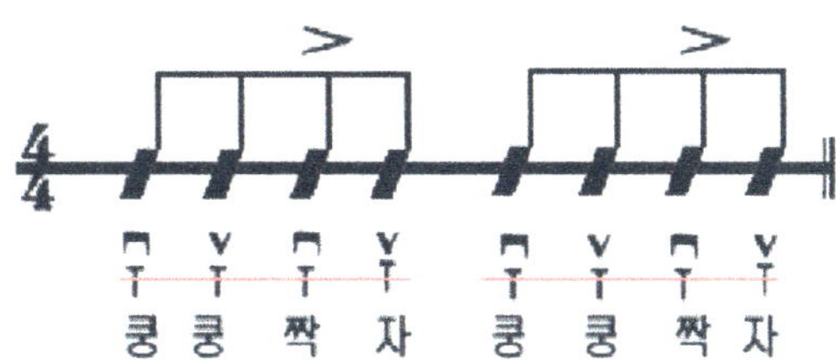

쿵 쿵 짝 자 쿵 쿵 짝 자

D   A7   D   D   A7   D
주 먹-쥐고 손을 펴-서 손 뼉-치 고 주-먹 쥐 고
파#파#미 레 레 미 미 파# 미 레 라 라 솔 파#파# 미 레 미 파# 레

D   G   D   D   G   A7
또 다 시 펴서 손 뼉 치-고 두-손 을 머 리 위 에
파#파#솔 라 라 시 시 라 솔 파# 파# 솔 라 라 시 시 시 라

D   A7   D   D   A7   D
해 님 이 반 짝 해 님 이 반-짝 해 님 이 반 짝 반 짝 거 려 요
파#파#미 레 레 미 미 미 파# 미 레 라 라 솔 파#파# 미 레 미 파# 레

뻐꾸기

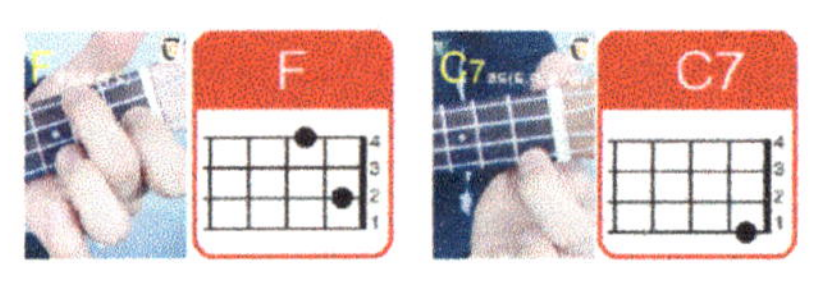

F
C7

3/4
쿵 짝 짝

F F C7 F
도 라 도 라 솔 파 솔 파
3 0 3 0 3 1 3 1
뻐 꾹 뻐 꾹 봄 이 가 네

C7 C7 F F
솔 솔 라 시b 솔 라 라 시b 도 라
3 3 0 1 3 0 0 1 3 0
뻐 꾸 기 소 리 잘 가 란 인 사

F F C7 F
도 라 도 라 시b 라 솔 파
3 0 3 0 1 0 3 1
복 사 꽃 이 떨 어 지 네

브람스 자장가

E Key
E   E   A   E
솔#솔# 시 솔#솔# 시 솔#시 미 레# 도# 도#시
B7   B7   B7   E
파#솔# 라 파# 파#솔# 라 파#라 레#도#시 레# 미
A   E   B7   E
미 미 미 도#라 시 솔#미 라 시 도# 시
A   E   B7   E
미 미 미 도#라 시 솔#미 라 시 라 솔# 파# 미

도레미송 -1-

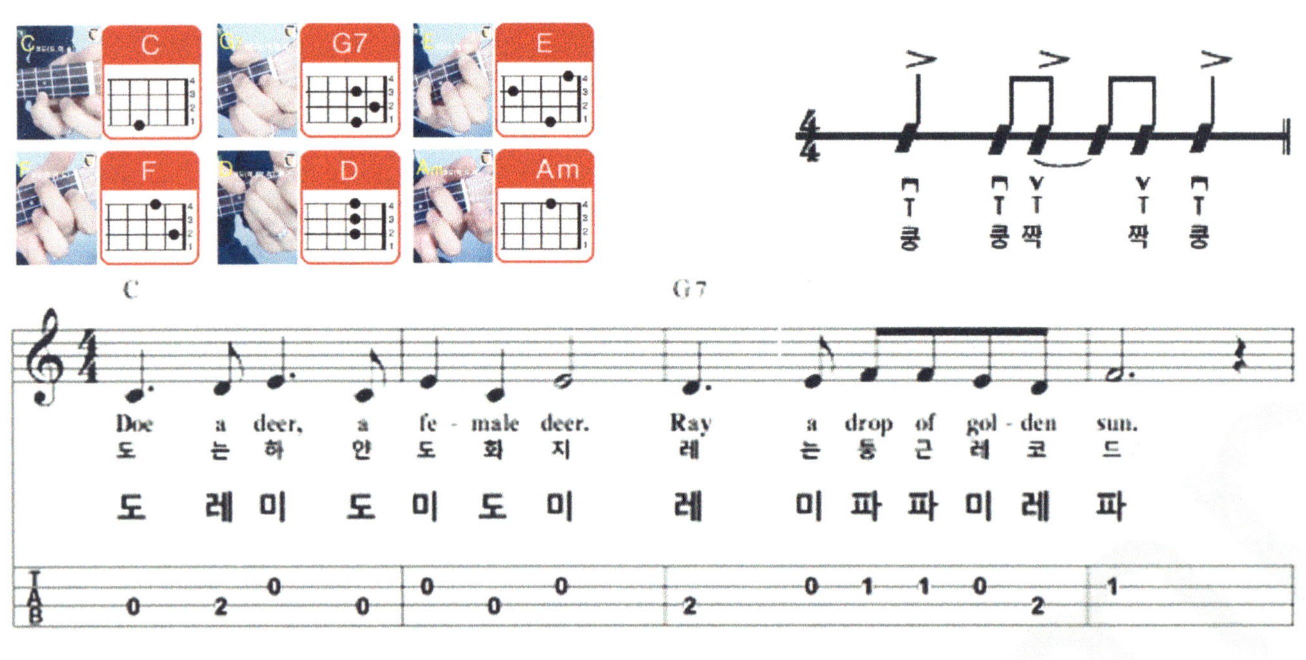

C
G7
E
F
D
Am
쿵 쿵짝 짝쿵
C
G7
Doe a deer, a fe - male deer. Ray a drop of gol - den sun.
도 는 하 얀 도 화 지 레 는 둥 근 레 코 드
도 레 미 도 미 도 미 레 미 파 파 미 레 파

C
F
Me a name I call my - self. Far a long, long way to run.
미 는 파 란 미 나 리 파 는 예 쁜 파 랑 새
미 파 솔 미 솔 미 솔 파 솔 라 라 솔 파 라

C
F
D
G7
Sew a nee - dle pull - ing thread. La a note to fol - low sew.
솔 은 작 은 술 방 울 라 는 라 디 오 고 요
솔 도 레 미 파 솔 라 라 레 미 파# 솔 라 시

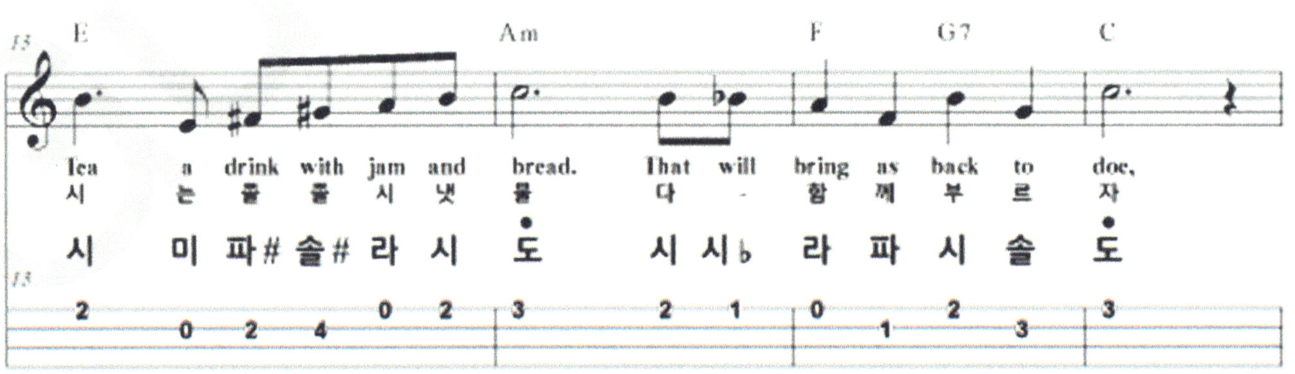

E
Am
F
G7
C
Tea a drink with jam and bread. That will bring as back to doe,
시 는 졸 졸 시 냇 물 다 - 함 께 부 르 자
시 미 파# 솔# 라 시 도 시 시b 라 파 시 솔 도

도 레 미 파 솔 라 시 도 도 시 라 솔 파 미 레 도 미 미 미 솔 솔 레 파 파 라 시 시
도 미 미 미 솔 솔 레 파 파 라 시 시 솔 도 라 파
미 도 레 솔 도 라 시
도 레 도 도 레 미 파 솔 라 시 도 솔 도

징글벨
-1-
G
C
D
A
2/4
쿵 쿵 쿵 쿵
G Key
G   G   G   C
흰 눈 사 이 로   썰 매 를 타 고
레 시 라 솔 레   레 시 라 솔 미
C   D   D   G
달 리 는 기 분   상 쾌 도 하 다 -
미 도 시 라 파#   레 레 도 라 시 솔
G   G   G   C
종 이 울 려 서   장 단 맞 추 니
레 시 라 솔 레   레 시 라 솔 미
C   D   D   G D
흥 겨 워 서 소 리 높 옐 노 래 부 른 다 오
미 도 시 라 레 레레 레 미 레 도 라 솔 레

G Key
G G G G
종 소 리 울 려 라 종 소 리 울 려
2 2 2 2 2 2 2 5 0 2
3
시 시 시 시 시 시 시 레 솔 라 시
C G A D
우 리 썰 매 빨 리 달 려 종 소 리 울 려 라
3 3 3 3 3 2 2 2 2 0 0 0 5
3
도 도 도 도 도 시 시 시 시 라 라 솔 라 레
G G G G
종 소 리 울 려 라 종 소 리 울 려
2 2 2 2 2 2 2 5 0 2
3
시 시 시 시 시 시 시 레 솔 라 시
C G D G
기 쁜 노 래 부 르 면 서 빨 리 달 리 자
3 3 3 3 3 2 2 2 5 5 3 0
3
도 도 도 도 도 시 시 시 레 레 도 라 솔

창밖을 보라

-1-

쿵 쿵 짝 자 쿵 쿵 짝 자
창 밖 을 보 라 창 밖 을 보 라 흰 눈 이 내 린 다
솔 솔 솔 솔 미 솔 솔 솔 솔 미 솔 솔 미 솔 도 시
창 밖 을 보 라 창 밖 을 보 라 찬 겨 울 이 왔 다
레 레 레 레 도 시 시 시 시 라 솔 솔 솔 파 파 미
썰 매 를 타 는 어 린 애 들 은 해 가 는 줄 도 모 르 고
솔 솔 솔 솔 미 솔 솔 솔 솔 미 솔 솔 미 솔 솔 도 도 시
눈 길 위 에 다 썰 매 를 깔 고 즐 겁 게 달 린 다
레 레 레 레 도 시 시 시 시 라 솔 솔 솔 라 시 도

긴 긴 해 가 다 가 고 - 어 둠 이 오 면
파 도 파 라 도 도 도 - 솔 미 도 미 솔
오 색 빛 이 찬 란 한 - 거 리 거 리 의 성 탄 빛
파 도 파 라 도 도 도 - 도 레 도 시 라 솔 라 시
추 운 겨 울 이 다 가 기 전 에 마 음 껏 즐 기 자
솔 솔 솔 솔 미 솔 솔 솔 솔 미 솔 솔 미 솔 도 시
맑 고 흰 눈 이 새 봄 빛 속 에 사 라 지 기 전 에
레 레 레 레 도 시 시 시 시 라 솔 솔 솔 라 시 도

루돌프 사슴코
-1-

C C♯ G7 F♯ F
Dm D♯ D G♯ G
쿵 쿵 짝 자 쿵 쿵 짝 자
C C C G7
루돌프사슴코는 매우반짝이는 코
솔라 솔미 도 라솔 솔라솔라솔 도 시
G7 G7 G7 C
만일 네가 봤 다 면 불붙는다 했 겠 지
파솔 파레 시 라 솔 솔라솔라솔 라 미
C C C G7
다른 모든 사 슴 들 놀려대며 웃 었 네
솔라 솔미 도 라솔 솔라솔라솔 도 시
G7 G7 G7 C
가없 은저 루 돌프 외돌이가 되 었 네
파솔 파레 시 라 솔 솔라솔라솔 레 도

F   C   Dm   G 7   C
안 개 낀 성 탄 절 날 산 타 말 하 길
0 0 3 0   3 0 3   1 0 3 1 0
라 라 도 라 솔 미 솔 파 라 솔 파 미

D   G   D   G 7
루 돌 프 코 가 밝 으 니 썰 매 를 끌 어 주 렴
2 0 3   0 2 2 2   3 3 2 0   3 1 2
레 미 솔 라 시 시 시 도 도 시 라 솔 파 레

C   C   C   G 7
그 후 론 사 슴 들 이 그 를 매 우 사 랑 했 네
3 3 0 3   3   3 3 0 3 3 3   2
솔 라 솔 미 도 라 솔 솔 라 솔 라 솔 솔 도 시

G 7   G 7   G 7   C
루 돌 프 사 슴 코 는 길 이 길 이 기 억 되 리
1 3 1   2 0   3   3 0 3 0 3 3 5   3
파 솔 파 레 시 라 솔 솔 라 솔 라 솔 솔 레 도

We Wish You A Merry Christmas

<-- 바디쪽 / 헤드쪽 -->

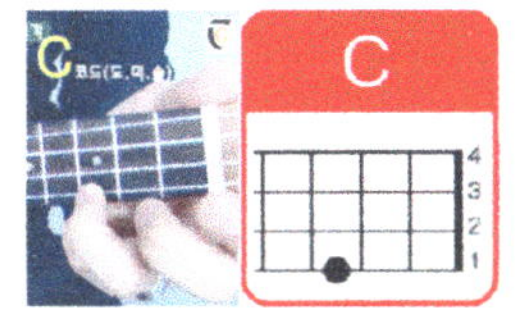 C
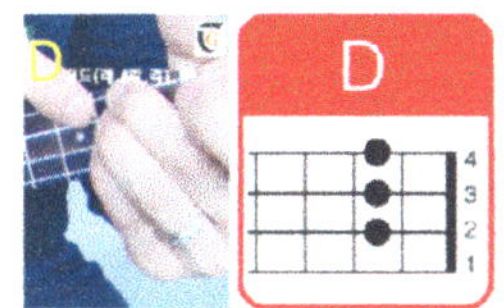 D
 E
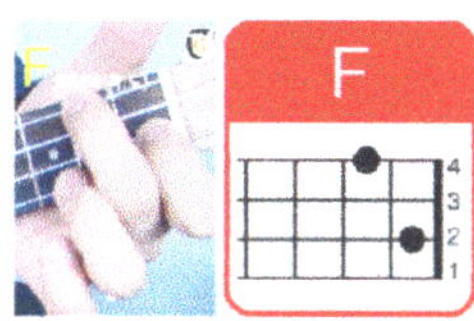 F
 G

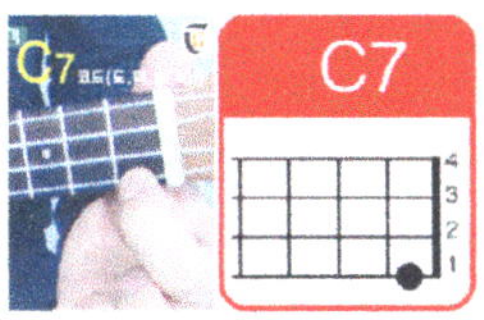 C7
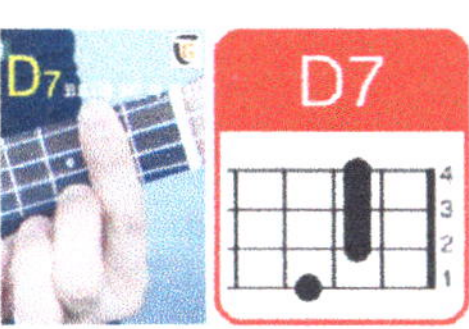 D7
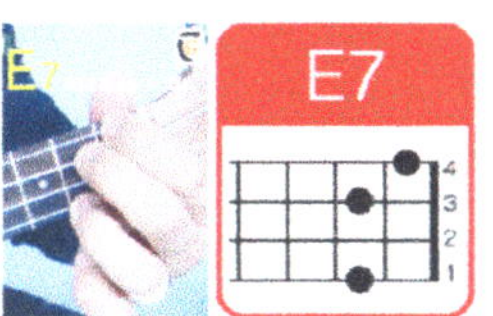 E7
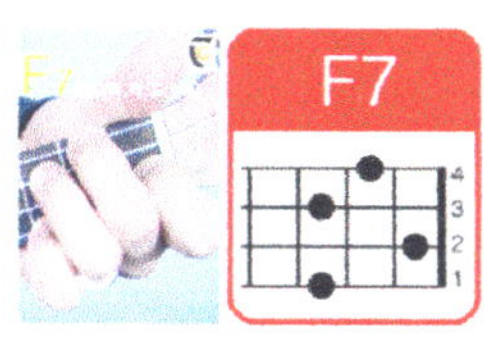 F7
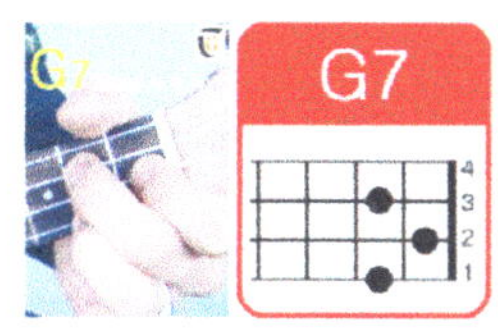 G7

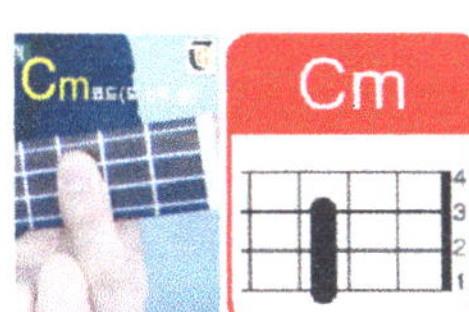 Cm
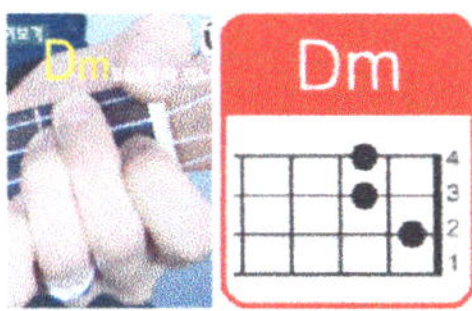 Dm
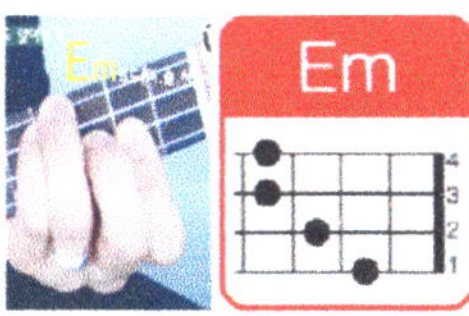 Em
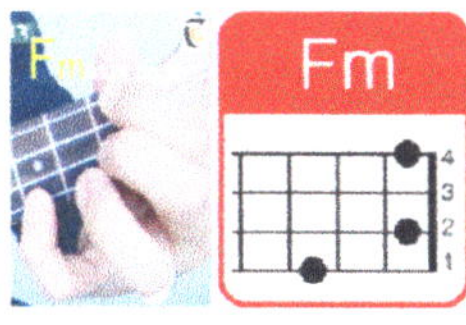 Fm
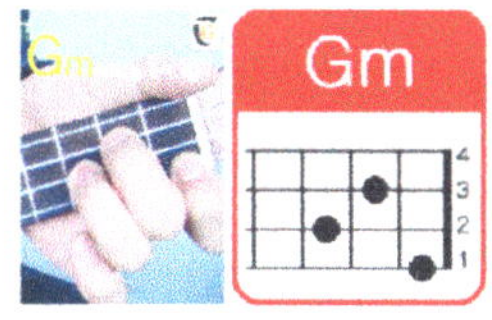 Gm

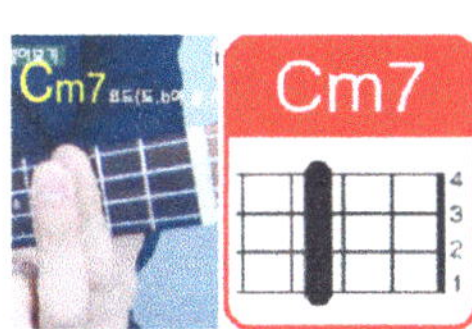 Cm7
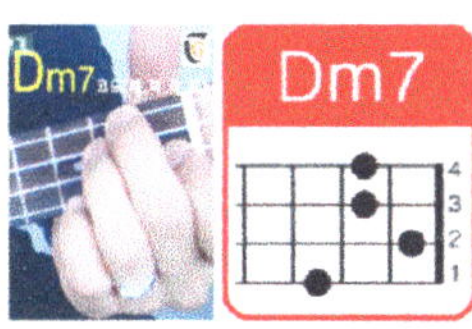 Dm7
 Em7
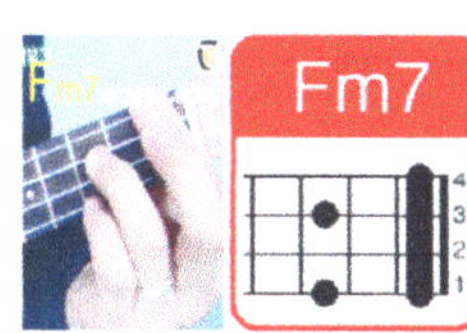 Fm7
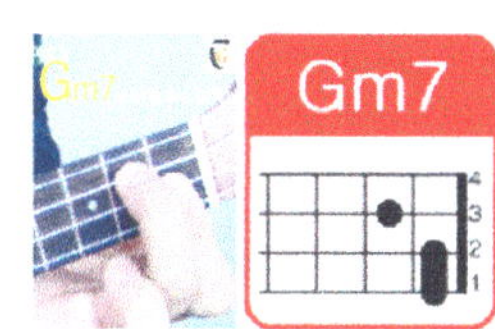 Gm7

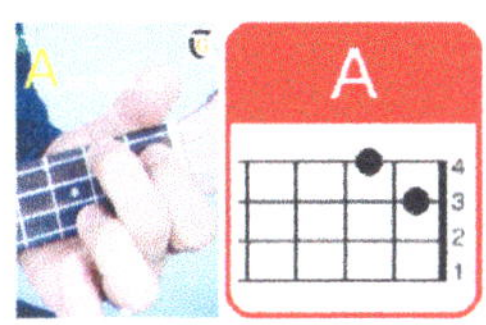 A
 A7
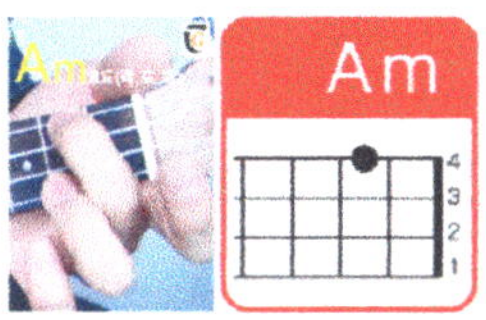 Am
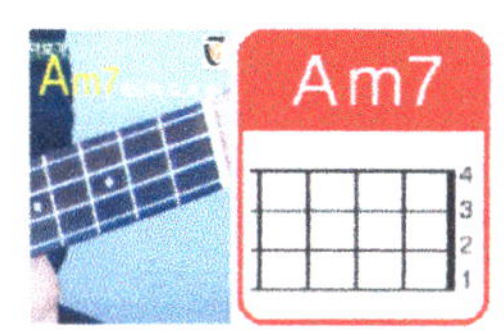 Am7

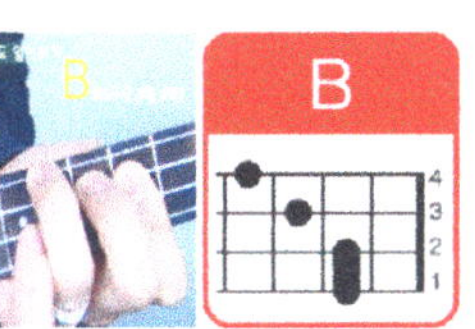 B
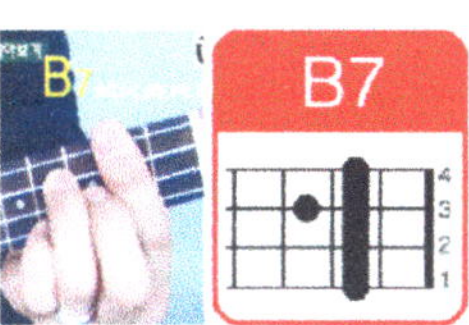 B7
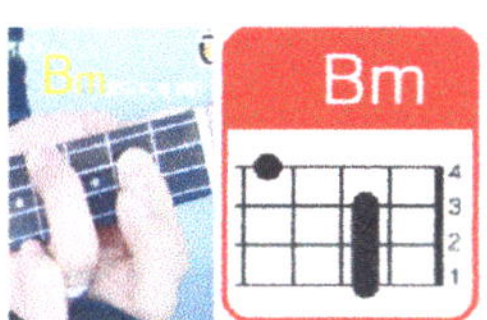 Bm
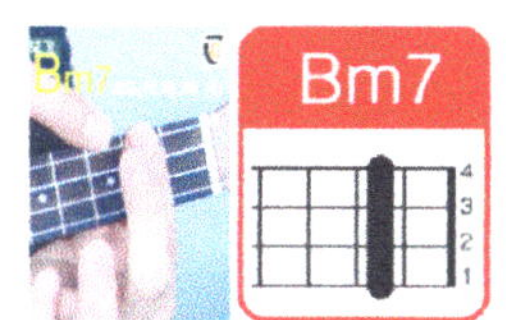 Bm7

코드잡는법(왼손)

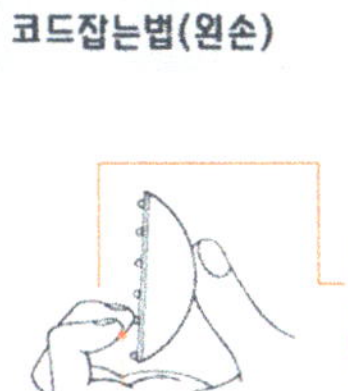

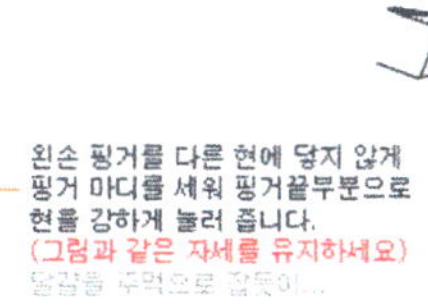

왼손 핑거를 다른 현에 닿지 않게
핑거 마디를 세워 핑거끝부분으로
현을 강하게 눌러 줍니다.
(그림과 같은 자세를 유지하세요)

이부분이 다른줄에 닿지 않게 잡아주세요!

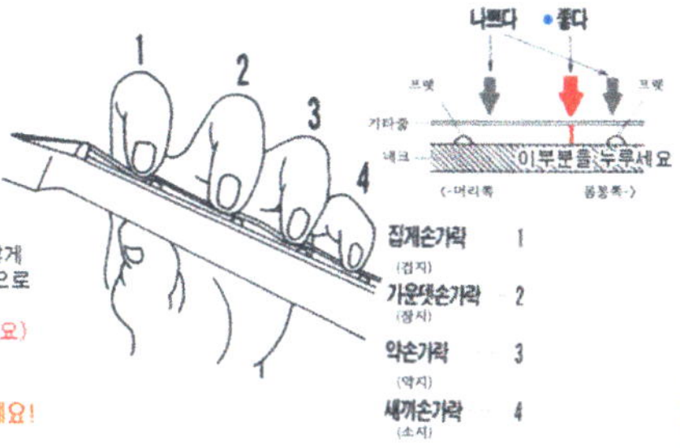

* 우쿨렐레 타블레춰(TAB)악보는 오선지악보가 아닌 보기쉽게 풀어진 문자형식의 악보를 말합니다.
타블래취악보 이용법은 아래그림설명과 같습니다.

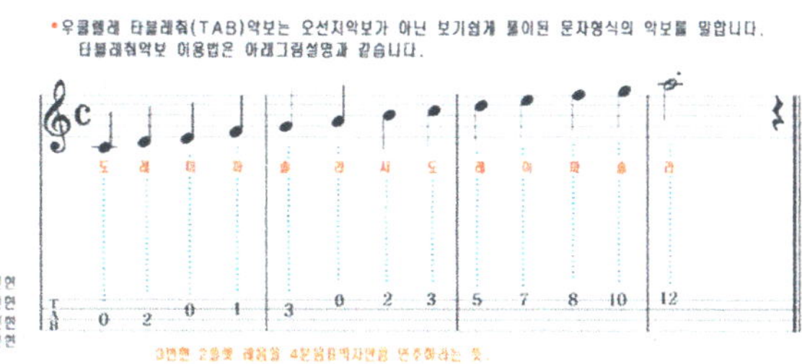

3번현 2음을 제외한 4분음표박자연음 연주하라는 뜻.
3번현 개방현 두음 4분음표박자연음 연주하라는 뜻.
1번현 12음 점음 4분음표박자연음 연주하려는 뜻.

스트록(오른손)

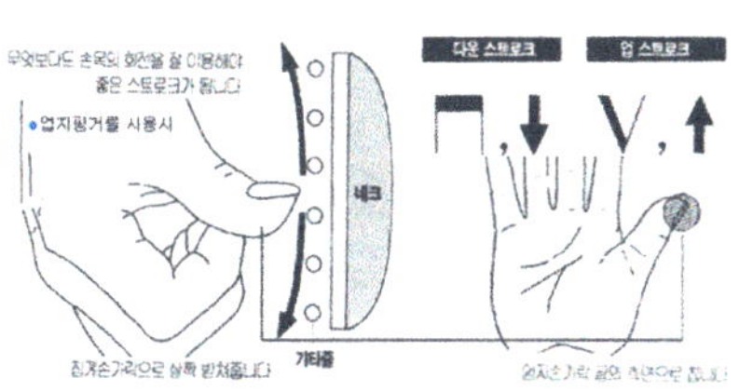

엄지손가락 스트록 : 부드럽고 조용한 사운드 연주시 이용!
검지손가락 스트록 : 빠르고 경쾌한 사운드 연주시 이용!

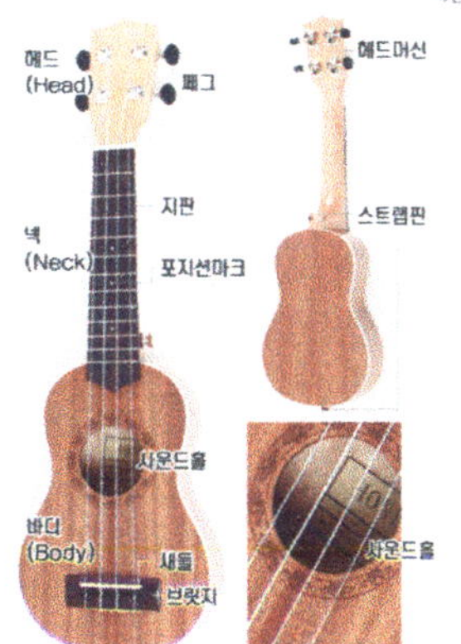

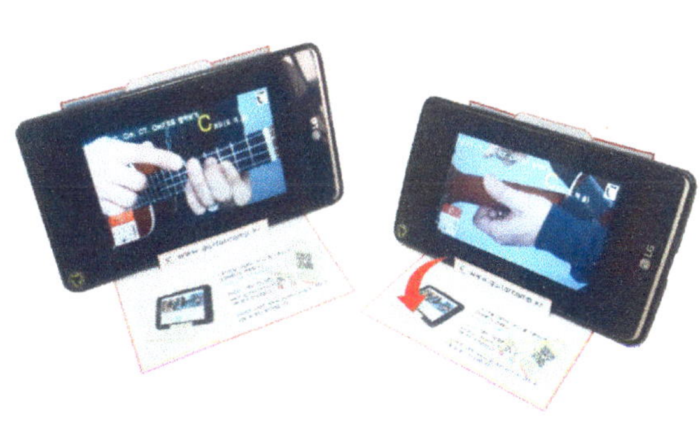